Sí... cariño

Sí... cariño

Lumen

El papel utilizado para la impresión de este libro ha sido fabricado a partir de madera
procedente de bosques y plantaciones gestionadas con los más altos estándares ambientales,
garantizando una explotación de los recursos sostenible con el medio ambiente y beneficiosa para las personas.

Sí… cariño

Primera edición: junio de 2015
Segunda edición: diciembre de 2023

D. R. © 1987, sucesores de Joaquín Salvador Lavado (Quino)

D. R. © 2023, derechos de edición exclusivos para México
y no exclusivos para Estados Unidos, Puerto Rico y todos los países de Centroamérica
Penguin Random House Grupo Editorial, S. A. de C. V.
Blvd. Miguel de Cervantes Saavedra núm. 301, 1er piso,
colonia Granada, alcaldía Miguel Hidalgo, C. P. 11520,
Ciudad de México

penguinlibros.com

ISBN: 978-607-384-042-2

Impreso en México – *Printed in Mexico*

Se terminó de imprimir en los talleres de Litográfica Ingramex S.A de C.V.,
Centeno 162-1, Col. Granjas Esmeralda, C.P. 09810, Ciudad de México

BUENO... SÍ, PERO
YO PRIMERO QUERÍA
UNA MAMÁ

15

18

— DISCULPEME, PERO NO ME GUSTA QUE NADIE VEA QUE MI POBRE MADRE VIVE INVENTANDOSE FANTASMAS PARA PODER SOBRELLEVAR SU SOLEDAD

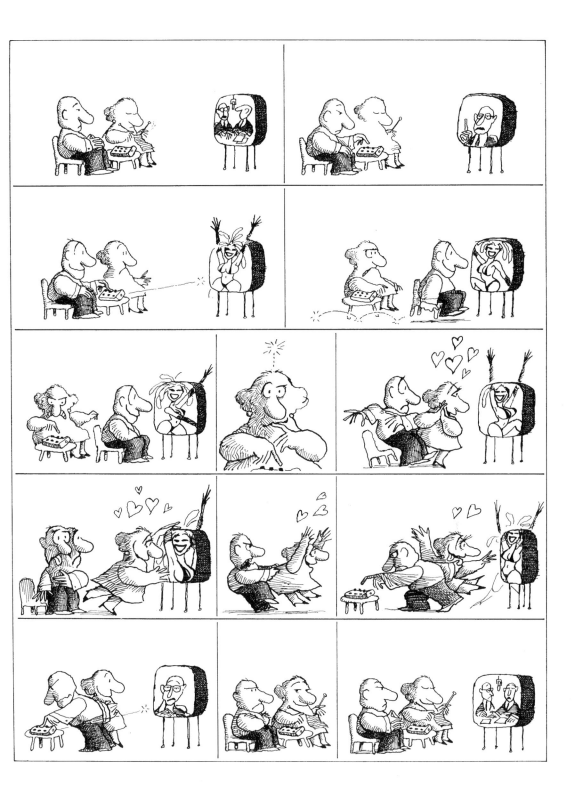

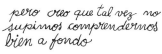

Amor de mi vida:
lo nuestro
fue muy hermoso

pero creo que tal vez no
supimos comprendernos
bien a fondo

Amor ~~Alberto~~:
lo nuestro
fue ~~muy~~ hermoso

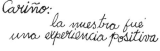

pero creo que ~~tal vez~~ no
supimos comprendernos
bien ~~a fondo~~

Cariño:
la nuestra fue
una experiencia positiva

pese a que en muchas
cosas no congeniáramos

querido Rolando:
seamos honestos
y admitamos

que nunca
nos entendimos

que nunca
~~nos entendimos~~
ME ENTENDISTE

Rolando:
jamás

en tu ~~puta~~ vida
intentaste entender
ni a mí ni a nadie ni

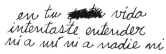

—VEA, LICENCIADO, PARA LA EMPRESA ES UN HALAGO QUE UD.
LA CONSIDERE SU SEGUNDO HOGAR, PERO ¿NO PODRÍA
PASAR SUS CRISIS CONYUGALES EN EL PRIMERO?

¡COMO ME ENTERE QUE ESTÁS DE
ACUERDO CON ESAS TONTERÍAS MODERNAS
Y QUE NO ME CONSIDERAS UN OBJETO SEXUAL,
PREPARATE!

CUANDO OIGO DE ESOS MARIDOS IRASCIBLES Y
VIOLENTOS QUE HASTA LLEGAN A PEGARLE A SU MUJER
AGRADEZCO AL CIELO QUE NO SEAS UNO DE ELLOS.
NO ME IMAGINO A MÍ MISMA CALMANDOTE A
BOFETADAS.

60

FRACASARÁS, COMO SIEMPRE EN TU VIDA, FRACASARÁS.

¡JA'H!

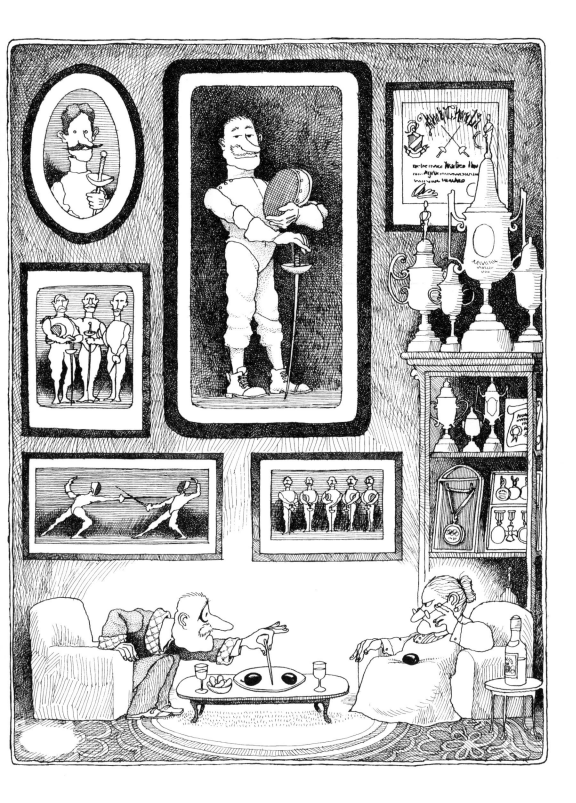

-¿QUÉ TE TIENE DICHO EL MÉDICO, AGUSTÍN?
¡¿**QUÉ** TE TIENE DICHO EL MÉDICO?!

Joaquín Lavado nació el 17 de julio de 1932 en Mendoza (Argentina) en el seno de una familia de emigrantes andaluces. Descubrió su vocación como dibujante a los tres años. Por esas fechas ya lo empezaron a llamar **Quino**. En 1954 publica su primera página de chistes en el semanario bonaerense *Esto Es*. En 1964, su personaje Mafalda comienza a aparecer con regularidad en el semanario *Primera Plana*. El éxito de sus historietas le brinda la oportunidad de publicar en el diario nacional *El Mundo* y será el detonante del boom editorial que se extenderá por todos los países de lengua castellana. Tras la desaparición de *El Mundo* y un año de ausencia, Mafalda regresa a la prensa en 1968 gracias al semanario *Siete Días* y en 1970 llega a España de la mano de Esther Tusquets y de la editorial Lumen. En 1973, Mafalda y sus amigos se despiden para siempre de sus lectores. En México, Lumen ha publicado los doce tomos recopilatorios de viñetas de *Mafalda*, y también en un único volumen —*Mafalda. Todas las tiras*—. En 2019 vio la luz la recopilación en torno al feminismo *Mafalda. Femenino singular*; en 2020, *Mafalda. En esta familia no hay jefes*; en 2022, *El amor según Mafalda*; en 2021, *La filosofía de Mafalda* y en 2024 se publicará *Mafalda presidenta*. También han aparecido en Lumen los dieciséis libros de viñetas humorísticas del dibujante, entre los que destacan *Mundo Quino* (2014), *Quinoterapia* (2015) y *Simplemente Quino* (2016).

Quino ha logrado tener una gran repercusión en todo el mundo, se han instalado esculturas de Mafalda en Buenos Aires, Oviedo y Mendoza, sus libros han sido traducidos a más de veinte lenguas y dialectos (los más recientes son el armenio, el búlgaro, el hebreo, el polaco y el guaraní), y ha sido galardonado con premios tan prestigiosos como el Príncipe de Asturias de Comunicación y Humanidades y el B'nai B'rith de Derechos Humanos. Quino murió en Mendoza el 30 de septiembre de 2020.

Este libro acabó de imprimirse en México en diciembre de 2023